Neusa Jordem Possatti
Ilustrações **Alarcão**

Ciça
e a rainha

Dados Internacionais de Catalogação na Publicação (CIP)
(Câmara Brasileira do Livro, SP, Brasil)

Possatti, Neusa Jordem
    Ciça e a rainha / Neusa Jordem Possatti ; [ilustrações de Alarcão].
– São Paulo : Paulinas, 2012. – (Coleção re-ver)

    ISBN 978-85-356-3226-2

    1. Literatura infantojuvenil   I. Alarcão.   II. Título.   III. Série.

12-06729   CDD-028.5

Índices para catálogo sistemático:
    1. Literatura infantil   028.5
    2. Literatura infantojuvenil 028.5

1ª edição – 2012
3ª reimpressão – 2018

Direção-geral: *Bernadete Boff*
Editora responsável: *Maria Alexandre de Oliveira*
Assistente de edição: *Rosane Aparecida da Silva*
Copidesque: *Mônica Elaine G. S. da Costa*
Coordenação de revisão: *Marina Mendonça*
Revisão: *Ana Cecilia Mari e Sandra Sinzato*
Gerente de produção: *Felício Calegaro Neto*
Assistente de arte: *Ana Karina Rodrigues Caetano*
Produção de arte: *Telma Custódio*

Nenhuma parte desta obra pode ser reproduzida ou transmitida por qualquer forma e/ou quaisquer meios (eletrônico ou mecânico, incluindo fotocópia e gravação) ou arquivada em qualquer sistema ou banco de dados sem permissão escrita da Editora. Direitos reservados.

Paulinas
Rua Dona Inácia Uchoa, 62
04110-020 – São Paulo – SP (Brasil)
Tel.: (11) 2125-3500
http://www.paulinas.com.br – editora@paulinas.com.br
Telemarketing e SAC: 0800-7010081
© Pia Sociedade Filhas de São Paulo – São Paulo, 2012

Para Marina,
minha filha amada.

Sumário

Palavras que cantam 6

Amigos para sempre 10

Meninas x meninos 15

"O príncipe que virou um chato" 18

O dia em que a mãe da gente morre 20

24 O lixão

28 Rumo à cidade grande

32 Abrigo

36 Medo

38 Uma rainha de verdade

Palavras que cantam

Eu sou a Ciça. Perdi uma perna em um acidente – só uma, ainda tenho a outra – e não vou mais para a roça ajudar na "panha" do café. Eu ficava nas pontas dos pés para alcançar os galhos, e para colher os grãos maduros era uma peleja. Tremia mais de medo de cobra enrolada nos galhos do que do frio molhado da madrugada.

Um dia, quando todo mundo voltava da roça, eu tropecei subindo nas tábuas traseiras do caminhão, onde se colocam as cargas, caí e só acordei num quarto branquinho, o mais branquinho que eu já vi, sem uma perna.

Quando volto da escola, não fico sozinha fazendo as tarefas da casa; Filhote – o meu amigo cachorro – sempre está comigo. Eu varro a casa e ele corre para pegar o pano molhado que eu envolvo na vassoura e esfrego no chão. Todo mundo vai trabalhar na lavoura: minha mãe, que sorri quase nada; o Zeca, meu padrasto (bravo para danar), e o Macalé, o filho dele (antes do acidente era meu arqui-inimigo, depois virou meu amigão. Viu?! Às vezes perdemos uma coisa e ganhamos outra). Gosto muito da escola. É onde aprendo a encaixar as palavras, como num quebra-cabeça, e a formar frases que cantam no ouvido da gente. Acho que chamam isso de poema.

Amigos para sempre

Olho pela greta da porta da sala, antes de entrar. A aula já começou. A sala está cheia de gente, o Filhote vem comigo; sento na última carteira vazia, que não é o meu lugar preferido, mas é o único. Filhote se ajeita de orelha em pé, prestando atenção, enquanto eu sento bem em cima de uma coisa grudenta. Olho e vejo um chiclete mastigado... a meleca cola na minha roupa. Aaaah... se eu pego quem botou esse troço melequento aqui!

Na fileira do lado, senta a Lu. Desde o ano passado estudamos juntas. Ela tira de debaixo da carteira (escondido, que não é hora do recreio nem nada) uma barra de chocolate, me oferece e eu aceito. Todo mundo parou de implicar com ela por ser gordinha... é claro que foi só depois de provar a força do seu muque.

Viro para trás e lá está a Márcia, que no primeiro dia de aula já perdeu a lapiseira novinha que a mãe dela comprou. Ela tem mania de perder tudo. Com cara de choro se lamenta com o Henrique (que continua o cara mais esquisito da escola; não é à toa que tem o apelido de *Demente*). "Minha mãe me mata, comprou com tanta *dificulidade*"... O Demente, quer dizer, o Henrique, ri corrigindo: "É *di-fi-cul-da-de*". Ela não perde a mania de tentar falar difícil.

No recreio chamo todo mundo para chupar jabuticaba. É gostoso encher a boca de bolinhas pretas e depois pocar com os dentes.

A gente então aposta quem joga o caroço mais longe. (Eu deixo que ganhem de mim. Só dessa vez).

Meninas x Meninos

Chove. Mas a chuva não atrapalha a gente. Brincamos de pique-esconde e minha perna de madeira às vezes teima em não me obedecer. Mas teimo mais ainda e a obrigo a fazer o que eu quero. Os pingos engrossam... Sem problemas, a gente não para a correria.

Atravessamos a rua correndo e damos de cara com uns metidinhos cercando a passagem do beco que leva à escola. A Márcia olha para o bolso meio aberto da bermuda do Rodrigo, um dos metidinho, e reconhece a lapiseira que tinha perdido, novinha, quase saltando do bolso dele; só bastou um cutucão da Márcia para que eu entendesse. Antes que alguém pudesse dizer ou fazer alguma coisa, eu pulo ao encontro dele, agarro a lapiseira e saio correndo.

Corremos todos, sem olhar para trás, que a gente não é bobo de ficar olhando a cara de *zé mané* que a turma dele faz. Atravessamos o pátio na chuva. "Pernas para que te quero"!, eu falo para mim mesma e consigo, mancando um bocado, acompanhar a Márcia e o Filhote. Nós corremos até perder o fôlego, paramos para descansar e aproveitamos para dar uma espiada para trás. Eles não perseguem a gente, não querem se molhar. Acho que pensam que vão derreter que nem papel.
Nós não temos medo da chuva.

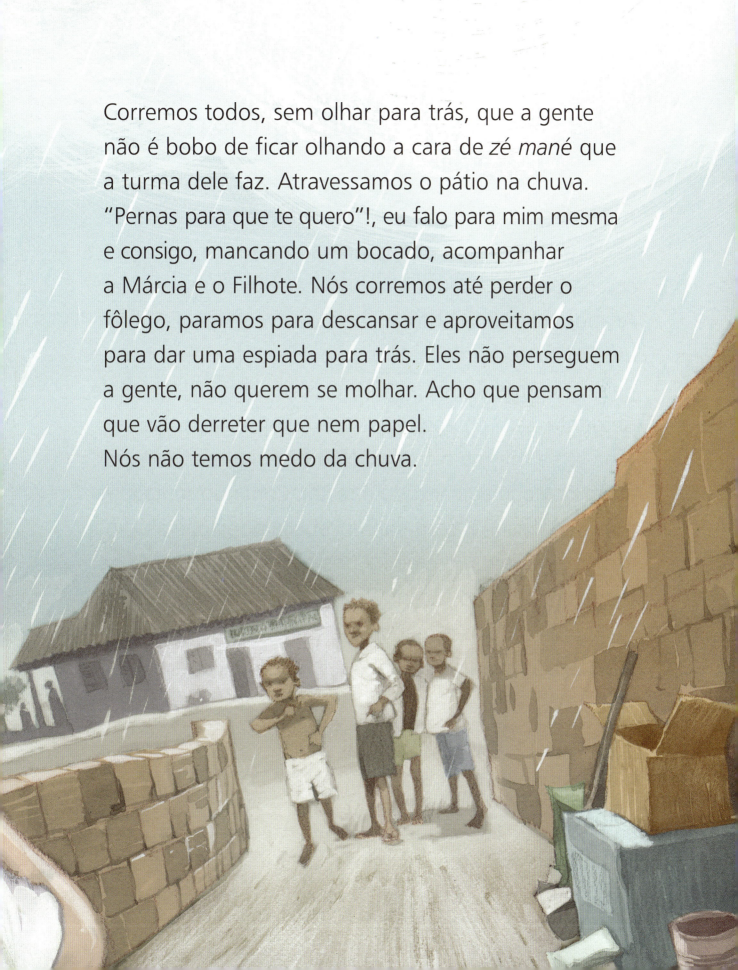

"O príncipe que virou um chato"

Amanhece, é domingo e tudo é sempre igual. O padeiro chega cedo para preparar o pão e a porta de aço da padaria faz um barulhão quando abre.
Acabo de ler uma história cheia de aventuras. É sobre uma menina chamada Alice que descobre um outro país, o das maravilhas... "Como pode ler isto?!", Macalé pergunta, sem entender por que sempre leio mais de uma vez a mesma história. "Não tem figuras!" (Melhor, assim posso imaginar todo o resto). Continuo sentada na porta da cozinha, com minha cabeça apoiada sobre o joelho, encolhida, na minha posição favorita. Penso na pequena Alice, no Coelho Branco passando apressado, na Rainha de Copas mandando executar meio mundo e nas criaturas estranhas daquele reino encantado.

Começo a contar a história e Macalé me deixa falando sozinha. Não tem importância, ainda posso contar para o Filhote, ele sempre me ouve. Minha mãe chega perto para pentear meu pixaim e, enquanto ela faz isso com paciência, eu pergunto se ela me acha estranha. Sorri, me olha como se visse uma pessoa diferente. Depois baixa os olhos. (Acho que ela já desistiu de viver num mundo bem maior, com coisas bonitas para ver, e passou a acreditar que "o príncipe virou um chato".)

O dia em que a mãe da gente morre

É fim de tarde. Estranho quando o caminhão lotado de diaristas para bem na porta da minha casa. Aqui não é o ponto de parada. O pessoal que salta da condução vem cansado da roça. Todos estão de cabeça baixa, olhar triste e mal olham quando passam por mim.

O último a saltar é o Zeca, e é só quando ele desprende a lateral do caminhão e a madeira balança no ar, deixando o assoalho da carroceria à vista, é que vejo um corpo inerte de mulher. Custo a reconhecer minha mãe e mais ainda a acreditar que é dela o corpo sem vida que o Zeca carrega nos braços e deposita com cuidado na esteira de tábua que forra o chão do único quarto da nossa casa.

Eu nunca vi ninguém morto. Pensei que ia ter medo quando visse. Agora, não sei o que pensar. Tudo o que consigo imaginar é que o céu está azul demais para um dia em que a mãe da gente morre. Deveria estar chovendo uma chuva fina, dessas que deixa o coração da gente triste, e nem cantoria de passarinhos deveria haver. Quero acreditar que minha mãe esteja dormindo. Pego a mão dela entre as minhas, mas estão frias, sem calor. Só então eu compreendo que é dor a fisgada no meu coração. Deito sobre o corpo dela e choro.

O lixão

Quando a "panha" do café termina nos cafezais da redondeza, os catadores vão mais longe, para dentro das grotas, no meio das matas. Muitas vezes tem café plantado onde é proibido, nos lugares onde deveriam estar as árvores que nasceram lá. Quero perguntar se vamos a um lugar muito distante da cidade, mas o Macalé amarra a cara. Sinto que não vou gostar do lugar para onde estamos indo.

O Zeca vai à frente, guiando a gente. Faz frio, o mato ainda está molhado de sereno da madrugada, quando chegamos aonde já chegaram os caminhões. Nós não viemos para a derriçagem do café. Vejo homens, mulheres, velhos e crianças. As mulheres esperam, velhos e crianças olham curiosos as basculantes que entornam, num imenso campo que poderia ser de futebol, a carga tão esperada: restos de comida malcheirosa, papel e muitas sacolas plásticas cheias daquilo que não presta mais: o lixo da cidade.

Todos correm para catar o que puder. No meio de toda a sujeira, os urubus disputam com a gente os restos, o lixo, o que não presta mais para o pessoal da cidade.

Rumo à cidade grande

Ouço (faz um montão de tempo) o Zeca falando que vamos mudar para uma cidade no estado de São Paulo, onde tem muito café e emprego, e é para lá que vamos – o Zeca, Macalé, eu, o Filhote e mais três homens que deixam para trás mulher e filhos para tentar a sorte na cidade de Marília –, viajamos no caminhão que leva carga mensal para a Grande São Paulo, escondidos sob a lona que cobre os sacos de café. A viagem é lenta, o *truque* está pesado e todo mundo fica apavorado toda vez que subimos uma ladeira e o caminhão diminui a velocidade, colocando a gente na mira dos assaltantes de estrada.

Ainda bem que não chove, só faz frio. O vento corta a madrugada e o nosso pensamento. Sinto saudade da minha turma da escola. Será que algum dia verei meus amigos outra vez? Macalé também não consegue dormir. O medo de não saber o que vai ser de nós na cidade grande é ainda maior que o medo dos assaltantes.

Eu seguro o Filhote no colo porque ele treme. Não está acostumado com viagens. Acho que ele não ia gostar de ser chamado assim, mas é o que ele é: caipira. Nunca viu tanto carro passar, nunca viu um avião voar, nem a água salgada do mar. Não conto para ele que eu também nunca vi.

Abrigo

Descemos do caminhão, quando chegamos à cidade grande. O Zeca disse que sabia como chegar ao nosso destino, mas acabamos dando voltas que nem peru tonto em véspera de Natal. Na rodoviária, informam que ônibus de São Paulo para a cidade de Marília é só de manhãzinha. O jeito é dormir nos bancos de espera. Arrumamos um para cada um de nós.

Tudo ajeitado, eu já estou quase pegando no sono, quando alguém me sacode. É o Macalé: "Tem um abrigo de meninas... vai ser melhor... lá tem cama quentinha com coberta". Reparo, então, que o Macalé está com o olho cheio d'água e a voz dele se arrasta que nem no dia que minha mãe morreu. Ele promete: "Depois que a gente chegar ao nosso destino e se ajeitar, a gente volta para te buscar".

Eu não crio caso. Conheço o Zeca e o Macalé: depois que eles encasquetam uma ideia na cabeça, ninguém tira. Não choro, quando o Zeca entrega minha trouxa de roupa para a mulher que vai me levar para o abrigo de meninas. Não choro, quando sinto que o Filhote sumiu de perto de mim. Não choro, quando o Macalé me olha como se fosse pela última vez. Não choro, quando vejo que não tem mais jeito, porque eles já pegaram o ônibus para Marília e me deixaram, só, para trás.

Medo

São muitas as meninas no abrigo, quase todas do meu tamanho.

A moça que me levou para o abrigo prepara uma gostosa sopa só para mim, e nós duas conversamos um tempão na cozinha. Conto tudo para ela, do acidente em que perdi a perna na roça, da viagem da minha mãe para o céu, do medo misturado com respeito que eu tenho pelo Zeca, do quanto eu gosto de nadar no rio com o Macalé, de andar de bicicleta, mesmo com uma perna só. E do meu cachorrinho – o Filhote –, que é de verdade só na minha imaginação.

A cama é macia, mas eu não consigo dormir. Primeiro a minha barriga dói, depois minha cabeça roda, roda e roda. Meus olhos ardem e as lágrimas descem pelo meu rosto. Não estou chorando, não! Só estou enjoada e com medo. Por um momento, fico em dúvida se coloco o jantar para fora ou se presto atenção na gritaria que a meninada faz quando entra no quarto: "A rainha Sílvia está aqui! A rainha Sílvia quer conhecer a Ciça!". Sonolenta e enjoada, mal consigo levantar a minha cabeça, que pesa uns cem quilos, mas a vontade de conhecer uma rainha de verdade me enche de alegria.

Uma rainha de verdade

Tudo está meio confuso. A rainha Sílvia toca meus cabelos, que, com certeza, estão em pé na minha cabeça de tão arrepiados, e me pergunta se gosto de jabuticaba. Ela também adora cuspir o caroço longe e, quando fala, ouço a voz da minha mãe. Ela diz que é rainha da Suécia, mas é brasileirinha da silva, que nem eu, e veio ao Brasil para ajudar as crianças que sofrem com a violência e a falta de perspectivas imposta pela miséria. Ela nem me

conhece direito e já sabe uma coisa a meu respeito: que gosto dos poemas da poetisa que tem o mesmo primeiro nome que eu, a Cecília Meireles. E não olha com pena para a minha perna. Ela diz que pode me arrumar outra, para eu não precisar andar de muleta, e que vai me mandar de volta para a escola. Minha cabeça continua a dar voltas, e quase tenho um troço quando ela me fala que pode ajudar a encontrar meu pai. Meu coração quase pula do peito de tanta alegria. Ela continua a falar, diz que mora num castelo com o rei e os três filhos, e que nas férias posso ir visitá-la. É lógico que vou gostar muito, mas só depois de encontrar o meu pai.

Penso se tudo isso não é delírio de febre. Fecho e abro os olhos repetidas vezes, não paro de tremer, mas o bonito rosto da rainha brasileira permanece me olhando, como mágica.
Tchau...